BERND NEUNER

Plätzchen & Stollen

Fotografie: Karl Newedel

Was ein Konditor anders macht

✳ Gleichbleibende Qualität

Sicher haben Sie sich schon gefragt, wie es der Konditor hinbekommt, dass die Produkte immer gleich aussehen und gleich schmecken. Dies ist nur möglich, wenn alle Zutaten abgewogen werden (ein Ei der Größe M wiegt 50 g). Aus diesem Grunde sind die Zutaten in diesem Buch in Gramm angegeben. Gerade bei kleinen Mengen würde eine Angabe von z. B. Esslöffel oder Teelöffel als Maßeinheit die Rezepte wesentlichem verändern.

✳ Jedes Blech einzeln backen

Die Bleche müssen einzeln in den Ofen kommen, da wir mit Ober- und Unterhitze backen. Bei mehreren Blechen im Backofen würden die Plätzchen sonst nicht gleichmäßig durchbacken. Aber da es in der Backstube immer etwas zu tun gibt und Plätzchen ja in wenigen Minuten gebacken sind, entsteht sicherlich kein „Leerlauf".

✳ Dekorieren

Das Auge isst mit, das gilt ganz speziell für Weihnachtsplätzchen. Deshalb ist das Dekor wichtig und wird mit genauso viel Sorgfalt betrieben wie die Teigherstellung. Wie es genau mit den feinen Schokolinien funktioniert, sehen Sie auf Seite 75.

✳ Backpulver

Ich verwende gerne Weinsteinbackpulver, da es kein Phosphat enthält und nicht den „seifigen" Nachgeschmack des normalen Backpulvers hat. Weinsteinbackpulver bekommen Sie im gut sortierten Supermarkt oder im Bioladen. Sie können es aber auch 1:1 durch das normale Backpulver ersetzen.

Ein **Wort** zuvor

Die Adventszeit ist die Zeit der Besinnung, der Familie und des Backens. Für mich war sie während meiner Lehrjahre eine wunderbare Erfahrung, die unvergessen sein wird. Mit dem ersten Duft von Lebkuchen, Plätzchen oder Stollen hielt immer eine ganz besondere Stimmung Einzug in die Backstube.

Für dieses Backbuch habe ich einige meiner besten Rezepte ausgewählt und zusammengestellt. So entstand eine wunderbare Mischung, in der sicherlich jeder eine passende Auswahl findet. Die Besonderheit meiner Rezepte besteht darin, dass sie zum Teil über Generationen hinweg überliefert, jahrzehntelang gebacken und fortlaufend verbessert wurden, bis sie zum perfekten Geschmack gereift waren. Bei allen Rezepten werden ausschließlich natürliche und einfach zu beschaffende Zutaten verwendet.

Viele Gründe sprechen für das Selberbacken in der eigenen Küche. Die wichtigsten Gründe sind wohl die Qualität und der Spaß beim Backen.

Ich hoffe, dass Ihnen dieses besondere Weihnachtsbackbuch über viele Jahre hinweg Freude bereiten wird und dass auch bei Ihnen zu Hause jene beschwingte Stimmung Einzug hält, die ich jedes Jahr erlebe.

Ihr Bernd Neuner
Konditormeister

Plätz

cher

für
echte Freunde
nette Nachbarn
süße Kollegen
die lieben Kleinen
dich+mich

Statt Fondant kann auch eine **Puderzuckerglasur** mit **Himbeergeist** genommen werden.

- ✳ 200 g zimmerwarme Butter
- ✳ 100 g Puderzucker
- ✳ 1 zimmerwarmes Eigelb (Größe M)
- ✳ 1 Prise Salz
- ✳ Mark von ½ Vanilleschote
- ✳ abgeriebene Schale von ½ Zitrone

- ✳ 4 g Weinsteinbackpulver
- ✳ 300 g Weizenmehl Type 405

Füllung
- ✳ 150 g Marzipanrohmasse
- ✳ 60 g Himbeergeist

Überzug
- ✳ 100 g Orangenkonfitüre
- ✳ 200 g Fondant (siehe Seite 73)
- ✳ 25 g Himbeergeist

Dekor
- ✳ 25 g Zartbitter-Kuvertüre
- ✳ ½ Teelöffel Kakao
- ✳ 10 g gehackte Pistazien

Himbeer-Marzipan-Herzen

Backzeit: 10–12 Minuten ✳ Kühlzeit: 2 Stunden ✳ ca. 35 Stück

1 Butter, Puderzucker, Eigelb, Salz, Vanillemark und Zitronenschale zu einer glatten Masse kneten. Mehl und Backpulver mischen, sieben und zügig unter die Buttermasse kneten. Den weichen Mürbeteig zu einer Kugel formen, in Frischhaltefolie wickeln und ca. 2 Stunden kalt stellen.

2 1–2 Backbleche mit Backpapier auslegen und den Backofen auf 190 °C Ober- und Unterhitze vorheizen.

3 Den Teig kurz durchkneten und auf einer bemehlten Arbeitsfläche 2,5 mm dick ausrollen. Mit einem Herzausstecher Plätzchen ausstechen und auf die vorbereiteten Bleche legen. Jedes Blech einzeln auf der mittleren Einschubleiste 10–12 Minuten backen, bis die Herzen goldbraun sind.

4 Die Marzipanrohmasse mit dem Himbeergeist glatt rühren, in einen Frischhaltebeutel füllen, diesen oben zudrehen, unten die Spitze abschneiden. Auf je eins von zwei Plätzchen etwas Masse spritzen und die beiden Plätzchen zusammensetzen.

5 Die Orangenkonfitüre aufkochen. Die Oberseite der zusammengesetzten Herzen eintauchen, abschütteln, auf Backpapier ablegen und 15 Minuten antrocknen lassen.

6 Fondant und Himbeergeist in einer Metallschüssel im Wasserbad (siehe Seite 73) auf ca. 30 °C anwärmen und zu einer zähflüssigen Masse verrühren. Die Oberseite der Herzen in den Fondant tauchen, abschütteln, auf Backpapier ablegen und 30 Minuten trocknen lassen.

7 Die zerkleinerte Kuvertüre in einer Metallschüssel im Wasserbad schmelzen. Ein Dreieck aus Backpapier zu einer spitzen Tüte falten (siehe Seite 75), die Kuvertüre in die Tüte füllen, diese verschließen, die Spitze abschneiden und die Herzen verzieren, dann mit gehackten Pistazien bestreuen. Die Plätzchen 5 Stunden trocknen lassen.

* 150 g zimmerwarme Butter
* 150 g Zucker
* 1 zimmerwarmes Ei (Größe L)
* 1 Prise Salz
* abgeriebene Schale von
  ½ Zitrone
* 3 g Weinsteinbackpulver
* 300 g Weizenmehl Type 405

Eigelbstreiche
* 1 Eigelb (Größe M)
* 10 g Milch
* 1 Prise Salz
* 1 Prise Zucker

Dekor
* Hagelzucker

Butter-S

Backzeit: 14–15 Minuten * Kühlzeit: 2 Stunden * ca. 60 Stück

1   Butter, Zucker, Ei, Salz und Zitronenschale zu einer glatten Masse kneten. Mehl und
    Backpulver zusammen durchsieben, zügig mit der Buttermasse verkneten, bis ein mit-
    telfester Mürbeteig entstanden ist. Den Teig in Frischhaltefolie wickeln und ca. 2 Stunden
    kalt stellen.

2   Backbleche mit Backpapier auslegen und den Backofen auf 190 °C Ober- und Unterhitze
    vorheizen.

3   Den Teig kurz durchkneten und 3 gleichschwere Teile abwiegen. Auf einer bemehlten
    Arbeitsfläche 3 Stränge von 1 cm Durchmesser rollen. Die Stränge in Stücke von je 8 cm
    Länge schneiden und diese S-förmig auf die vorbereiteten Bleche legen.

4   Alle Zutaten für die Eigelbstreiche miteinander verrühren. Die Butter-S damit bestreichen,
    mit Hagelzucker bestreuen und jedes Blech einzeln auf der mittleren Einschubleiste
    14–15 Minuten backen, bis die Plätzchen eine goldbraune Färbung haben.

Tipp

****

*Wer keinen Hagelzucker verwenden möchte, streicht die Butter-S
zweimal mit Eigelbstreiche ein. Dadurch intensiviert sich der Glanz.*

****

Ein echter **Klassiker** –
so soll er **schmecken!**

Zart und knusprig –
eine wunderbare Komposition.

* 200 g zimmerwarme Butter
* 150 g Puderzucker
* 2 zimmerwarme Eigelb (Größe M)
* 1 Prise Salz
* 1 Prise Zimt
* abgeriebene Schale von ½ Zitrone
* 65 g gemahlene Mandeln
* 55 g sehr fein gehacktes Orangeat
* 250 g Weizenmehl Type 405

Eigelbstreiche
* 1 Eigelb (Größe M)
* 10 g Milch
* 1 Prise Salz
* 1 Prise Zucker

Dekor
* 150 g gehackte Mandeln
* 50 g Vollmilch-Kuvertüre

Mandel-Orangeat-Monde

Backzeit: 13–15 Minuten ✳ Kühlzeit 2 Stunden ✳ ca. 60 Stück

1. Butter, Puderzucker, Eigelbe, Salz, Zimt und Zitronenschale zu einer glatten Masse kneten. Mandeln und Orangeat unterarbeiten, dann das gesiebte Mehl einkneten. Den Teig etwas flach drücken, in Frischhaltefolie wickeln und ca. 2 Stunden kalt stellen.

2. 2–3 Backbleche mit Backpapier auslegen und den Backofen auf 190 °C Ober- und Unterhitze vorheizen.

3. Den Teig kurz durchkneten und auf einer bemehlten Arbeitsfläche 3–4 mm dick ausrollen. Mit einem Mondausstecher die Plätzchen ausstechen und auf die Bleche legen.

4. Alle Zutaten für die Eigelbstreiche miteinander verrühren. Die Plätzchen damit bestreichen und mit gehackten Mandeln bestreuen, die Mandeln leicht andrücken. Jedes Blech einzeln auf der mittleren Einschubleiste 13–15 Minuten backen, bis die Monde eine goldbraune Farbe haben.

5. Die Kuvertüre in einer Metallschüssel im Wasserbad schmelzen. Ein Dreieck aus Backpapier zu einer spitzen Tüte falten (siehe Seite 75), die Kuvertüre in die Tüte füllen, diese verschließen, die Spitze abschneiden und die Plätzchen verzieren.

Tipp

✳✳✳✳✳✳✳✳✳✳✳✳✳✳✳✳✳✳✳✳✳✳✳✳✳✳✳✳

Die Mandeln können gegen Haselnüsse getauscht werden.

✳✳✳✳✳✳✳✳✳✳✳✳✳✳✳✳✳✳✳✳✳✳✳✳✳✳✳✳

* 200 g zimmerwarme Butter
* 65 g Zucker
* 2 zimmerwarme Eigelb
  (Größe M)
* 1 Prise Salz
* Mark von ½ Vanilleschote
* 35 g Kakao
* 250 g Weizenmehl Type 405

Füllung
* 150 g rotes Johannisbeergelee

Überzug
* 500 g Vollmilch-Kuvertüre

Schokoherzen

Backzeit: 11–13 Minuten * Kühlzeit: 2 Stunden * ca. 30 Stück

1 Butter, Zucker, Eigelbe, Salz und Vanillemark zu einer glatten Masse kneten. Mehl und Kakao mischen, sieben und zügig unterkneten. Es entsteht ein weicher Mürbeteig. Diesen zu einer Kugel formen, in Frischhaltefolie wickeln und ca. 2 Stunden kalt stellen.

2 1–2 Backbleche mit Backpapier auslegen und den Backofen auf 180 °C Ober- und Unterhitze vorheizen.

3 Den Teig kurz durchkneten und auf einer bemehlten Arbeitsfläche etwa 2,5 mm dick ausrollen. Mit einem Herzausstecher Plätzchen ausstechen, auf die Bleche legen und jedes Blech einzeln auf der mittleren Einschubleiste 11–13 Minuten backen.

4 Das Johannisbeergelee glatt rühren, je 2 ausgekühlte Plätzchen damit bestreichen und aufeinanderlegen. Vorsichtig arbeiten, die Plätzchen sind sehr zerbrechlich.

5 Die gefüllten Herzen komplett in temperierte Vollmilch-Kuvertüre tauchen (siehe Seite 73), mit einer Gabel herausnehmen, leicht abschütteln und zum Ablaufen auf ein Kuchengitter setzen. Nach 1–2 Minuten die Plätzchen auf Backpapier umsetzen. Auch hier vorsichtig arbeiten.

Die Schokoherzen erreichen ihr volles Aroma zwei Tage nach der Herstellung. Dann sind sie wunderbar weich und unwiderstehlich lecker.

Die **beste** Pause
im **Weihnachtsrummel.**

Makronen – köstliches **Gebäck**
ohne Butter.

* 285 g gemahlene Haselnüsse
* 270 g Zucker
* 4 kalte Eiweiß (Größe M)
* 1 g Zimt
* 1 g Salz
* Mark von 1 Vanilleschote
* abgeriebene Schale von
  ½ Zitrone

Dekor
* ca. 50 geschälte Haselnüsse
  (siehe Tipp)
* 50 g Zucker

Überzug
* 50 g gehackte Zartbitter-
  Kuvertüre

Haselnussmakronen

Backzeit: 12–15 Minuten * Trockenzeit: 2 Stunden * ca. 50 Stück

1 Gemahlene Nüsse, Zucker, Eiweiß, Zimt, Salz, Vanillemark und Zitronenschale in einen Topf geben, miteinander vermischen und die Masse unter ständigem Rühren auf 60–70 °C erhitzen (abrösten). Den Topf vom Herd nehmen und die Masse auf 40–45 °C abkühlen lassen.

2 Backbleche mit Backpapier auslegen. Die abgekühlte Makronenmasse in einen Spritz-beutel mit großer Lochtülle füllen und Makronen von 2,5–3 cm auf die vorbereiteten Bleche aufspritzen (oder kleine Portionen mit zwei Teelöffeln auf die Bleche setzen.)

3 In die Mitte jeder Makrone je eine Haselnuss setzen. Die Spitze der Haselnüsse soll nach oben zeigen. Die Makronen leicht mit Zucker überstreuen und 1–2 Stunden trock-nen lassen, bis sich die Oberfläche trocken anfühlt.

4 Den Backofen auf 170 °C Ober- und Unterhitze vorheizen. Die Haselnussmakronen auf der mittleren Einschubleiste 12–15 Minuten backen, bis sie außen kross und innen noch etwas weich sind.

5 Die Kuvertüre in einer Metallschüssel im Wasserbad schmelzen. Ein Dreieck aus Back-papier zu einer spitzen Tüte falten (siehe Seite 75), die Kuvertüre in die Tüte füllen, diese verschließen, die Spitze abschneiden und die Makronen verzieren. Dabei die Haselnüsse aussparen

Tipp
****
Ganze Haselnüsse schält man, indem man sie im Ofen bei 200 °C 10–12 Minuten röstet, dann in einem Drahtsieb durch kräftiges Reiben von der braunen Haut befreit.
****

* 150 g zimmerwarme Butter
* 75 g Puderzucker
* 1 Prise Salz
* 1 g Zimt
* abgeriebene Schale von ½ Zitrone
* 1 zimmerwarmes Eigelb (Größe M)
* 30 g gemahlene Haselnüsse

* 220 g Weizenmehl Type 405
* 3 g Weinsteinbackpulver

Füllung
* 200 g Nussnougat

Dekor
* 150 g Vollmilch-Kuvertüre
* Ca. 25 geschälte Haselnüsse (siehe Tipp)

Nougatsterne

Backzeit: 13–15 Minuten * Kühlzeit: 2 Stunden * ca. 25 Stück

1 Butter, Puderzucker, Salz, Zimt und Zitronenschale zu einer glatten Masse verrühren. Eigelb und Haselnüsse hinzufügen. Mehl und Backpulver mischen, sieben und einkneten. Es entsteht ein geschmeidiger Mürbeteig. Diesen etwas flach drücken, in Frischhaltefolie wickeln und ca. 2 Stunden kalt stellen.

2 1–2 Backbleche mit Backpapier auslegen und den Backofen auf 190 °C Ober- und Unterhitze vorheizen.

3 Den Teig kurz durchkneten und auf einer bemehlten Arbeitsfläche 2,5–3 mm dick ausrollen. Mit einem Sternausstecher Plätzchen ausstechen und auf die vorbereiteten Bleche legen. Jedes Blech einzeln auf der mittleren Einschubleiste 13–15 Minuten backen.

4 Den zerkleinerten Nougat in einer Metallschüssel vorsichtig im Wasserbad erwärmen, bis er zähflüssig ist. Je 2 ausgekühlte Plätzchen mit etwas Nougatmasse zusammensetzen und ca. 20 Minuten kalt stellen.

5 Die Nougatsterne mit der Oberseite in temperierte Kuvertüre tauchen (siehe Seite 73), abschütteln und auf Backpapier legen. Je eine geschälte Haselnuss als Dekor auflegen.

Tipp

****

Haselnüsse im Backofen bei 200 °C 10–12 Minuten rösten. In ein Drahtsieb geben und durch kreisende Bewegungen mit der Hand die braune Haut abreiben.

****

- ✻ 200 g zimmerwarme Butter
- ✻ 200 g Zucker
- ✻ 1 Prise Salz
- ✻ 3 g Zimt
- ✻ Mark von ½ Vanilleschote
- ✻ abgeriebene Schale von ½ Zitrone
- ✻ 1 zimmerwarmes Ei (Größe M)

- ✻ 140 g ganze Mandeln
- ✻ 3 g Weinsteinbackpulver
- ✻ 440 g Weizenmehl Type 405

Dekor
- ✻ 150 g Vollmilch-Kuvertüre
- ✻ 30 g weiße Kuvertüre

Mandelpaganini

Backzeit: 14–15 Minuten ✻ Kühlzeit: 12 Stunden ✻ ca. 75 Stück

1   Butter, Zucker, Salz, Zimt, Vanillemark, Zitronenschale und Ei zu einer glatten Masse verkneten. Die ganzen Mandeln einarbeiten, Backpulver und Mehl mischen, sieben und einkneten. Es entsteht ein weicher Mürbeteig.

2   Den Teig auf einer bemehlten Arbeitsfläche zu einem gleichmäßigen Rechteck von 2 cm Dicke ausrollen, auf ein bemehltes Brett legen, mit Frischhaltefolie abdecken und über Nacht kalt stellen. Der Teig muss am nächsten Tag durchgehärtet und fest sein.

3   2–3 Backbleche mit Backpapier auslegen und den Backofen auf 200 °C Ober- und Unterhitze vorheizen.

4   Den kalten Teig mit einem langen schweren Messer in Streifen von ca. 5 cm Breite schneiden. Von diesen Streifen die Plätzchen als Scheiben von 7–8 mm Dicke abschneiden und mit je etwa 2 cm Abstand auf die vorbereiteten Bleche legen. Jedes Blech einzeln auf der mittleren Einschubleiste 14–15 Minuten backen, bis die Plätzchen goldbraun sind.

5   Die Mandelpaganini mit je einer Ecke in temperierte Kuvertüre tauchen (siehe Seite 73), leicht abschütteln und auf Backpapier legen.

6   Die zerkleinerte Kuvertüre in einer Metallschüssel im Wasserbad schmelzen. Ein Dreieck aus Backpapier zu einer spitzen Tüte falten (siehe Seite 75), die Kuvertüre in die Tüte füllen, diese verschließen, die Spitze abschneiden und die überzogenen Ecken der Paganini verzieren.

Tipp

✻✻✻✻✻✻✻✻✻✻✻✻✻✻✻✻✻✻✻✻✻✻✻✻✻✻✻

Der Zimt kann durch Lebkuchengewürz ersetzt werden, das verleiht den Mandelpaganini ein neues Aroma.

✻✻✻✻✻✻✻✻✻✻✻✻✻✻✻✻✻✻✻✻✻✻✻✻✻✻✻

* 125 g zimmerwarme Butter
* 65 g Puderzucker
* 1 zimmerwarmes Eigelb
  (Größe M)
* 1 Prise Salz
* Mark von ½ Vanilleschote
* abgeriebene Schale von
  ½ Zitrone
* 190 g Weizenmehl Type 405

Überzug
* 150 g Himbeerkonfitüre
* 200 g Puderzucker
* 30 g Himbeergeist

Dekor
* 10 g gehackte Pistazien

Himbeersterne

Backzeit: 10–12 Minuten * Kühlzeit: 2 Stunden * ca. 40 Stück

1 Butter, Puderzucker, Eigelb, Salz, Vanillemark und Zitronenschale zu einer glatten Masse kneten. Das gesiebte Mehl zügig unterarbeiten. Den weichen Mürbeteig etwas flach drücken, in Frischhaltefolie wickeln und ca. 2 Stunden kalt stellen.

2 2 Backbleche mit Backpapier auslegen und den Backofen auf 190 °C Ober- und Unterhitze vorheizen.

3 Den Teig kurz durchkneten und auf einer bemehlten Arbeitsfläche 3–4 mm dick ausrollen. Mit einem Sternausstecher Plätzchen ausstechen, auf die vorbereiteten Bleche legen und jedes Blech einzeln auf der mittleren Einschubleiste 10–12 Minuten backen, bis die Plätzchen eine goldgelbe Färbung haben.

4 Himbeerkonfitüre durch ein Sieb passieren und aufkochen. Die Sterne mit der Oberseite in die heiße Konfitüre tauchen, etwas abschütteln und auf Backpapier legen.

5 Puderzucker mit dem Himbeergeist zu einer glatten, zähflüssigen Zuckerglasur anrühren. Die Himbeersterne mit der Oberseite eintauchen, abschütteln und auf Backpapier legen. Als Dekor gehackte Pistazien daraufstreuen. 5–6 Stunden trocknen lassen.

Tipp
* *
Für die ebenfalls köstlichen Erdbeersterne nehmen Sie statt Himbeerkonfitüre und Himbeergeist Erdbeerkonfitüre und Erdbeerlimes.
* *

- *200 g Marzipanrohmasse
- *1 zimmerwarmes Ei (Größe M)
- *80 g Zucker
- *20 g zimmerwarme Butter
- *1 Prise Salz
- *Mark von ½ Vanilleschote
- *abgeriebene Schale von ½ Zitrone
- *45 g Weizenmehl Type 405

Dekor
- *10 Belegkirschen

Überzug
- *150 g Zartbitter-Kuvertüre

Mandelkonfekt

Backzeit: 10–12 Minuten * Trocknungszeit: 2 Stunden * ca. 40 Stück

1 Die Marzipanrohmasse mit dem Ei zu einer glatten Masse verrühren. Zucker, Butter, Salz, Vanillemark und Zitronenschale hinzufügen und verkneten. Zuletzt das gesiebte Mehl einarbeiten. Es entsteht eine mittelfeste Masse.

2 Die Kirschen vierteln. Die Masse in einen Spritzbeutel mit großer Sterntülle füllen. Das Mandelkonfekt auf mit Backpapier ausgelegte Bleche aufspritzen und je ein Stück Beleg-kirsche darauflegen. Dann bei Zimmertemperatur ca. 2 Stunden antrocknen lassen.

3 Den Backofen auf 210 °C Ober- und Unterhitze vorheizen. Jedes Blech einzeln auf der mittleren Einschubleiste 10–12 Minuten backen.

4 Nach dem Auskühlen jedes Konfektstück mit der Unterseite ca. 0,5 cm tief in temperierte Kuvertüre (siehe Seite 73) tauchen. Leicht abschütteln und auf Backpapier absetzen.

Tipp

****

Wer keine Kuvertüre temperieren möchte, kann die einfache Schokoglasur von Seite 73 nehmen. Hierzu die Kuvertüre im Wasserbad mit 15 g Kokosfett schmelzen, sorgfältig verrühren und sofort verarbeiten.

****

* 135 g zimmerwarme Butter
* 125 g Puderzucker
* 2 zimmerwarme Eigelb
  (Größe M)
* 50 g Marzipanrohmasse
* 1 Prise Salz
* Mark von ½ Vanilleschote
* abgeriebene Schale von
  ½ Zitrone
* 250 g Weizenmehl Type 405

Eigelbstreiche
* 1 Eigelb (Größe M)
* 10 g Milch
* 1 Prise Salz
* 1 Prise Zucker

Dekor
* ca. 50 ungeschälte
  Mandelhälften

Butter-Mandel-Sterne

Backzeit: 13–15 Minuten * Kühlzeit 2 Stunden * ca. 50 Stück

1 Butter, Puderzucker, Eigelbe, Marzipan, Salz, Vanillemark und Zitronenschale zu einer glatten Masse kneten. Das Mehl sieben und zügig unterkneten. Den Teig zur Kugeln formen, in Frischhaltefolie wickeln und ca. 2 Stunden kalt stellen.

2 2 Backbleche mit Backpapier auslegen und den Backofen auf 190 °C Ober- und Unterhitze vorheizen.

3 Den Teig kurz durchkneten und auf einer bemehlten Arbeitsfläche 3–4 mm dick ausrollen. Mit einem Sternausstecher Plätzchen ausstechen und auf die Backbleche legen.

4 Alle Zutaten für die Eigelbstreiche miteinander verrühren. Die Plätzchen damit bestreichen und mit den Mandeln belegen. 15 Minuten antrocknen lassen, dann ein weiteres Mal mit dem Eigelb bestreichen. Jedes Blech einzeln auf der mittleren Einschubleiste 13–15 Minuten backen, bis die Sterne eine goldbraune Färbung haben.

Tipp

* *

Lecker sind die Butter-Mandel-Sterne auch mit einer Puderzucker-Arak-Glasur: Hierfür 125 g Puderzucker mit 2 Esslöffeln Arak (Anisschnaps) klumpenfrei verrühren und die heißen Plätzchen damit bestreichen.

* *

Tipp
****

*Wer keinen Fondant herstellen möchte, kann auch eine Puderzuckerglasur
(siehe Seite 73) mit Grand Marnier anrühren und die Taler damit glasieren.*

****

- *200 g zimmerwarme Butter
- *100 g Puderzucker
- *2 zimmerwarme Eigelb (Größe M)
- *1 Prise Salz
- *Mark von ½ Vanilleschote
- *abgeriebene Schale von 1 Orange
- *285 g Weizenmehl Type 405
- *3 g Weinsteinbackpulver

Füllung
- *150 g Orangenkonfitüre
- *20 g Orangenlikör (z. B. Grand Marnier)

Überzug
- *100 g Orangenkonfitüre
- *200 g Fondant (siehe Seite 72/73)
- *20–30 g Grand Marnier

Dekor
- *25 g Zartbitter-Kuvertüre
- *½ Teelöffel Kakao
- *30 Pistazienhälften

Orangentaler

Backzeit: 10–12 Minuten * Kühlzeit: 2 Stunden * ca. 30 Stück

1 Butter, Puderzucker, Eigelbe, Salz, Vanillemark und Orangenschale zu einer glatten Masse verkneten. Mehl und Backpulver mischen, sieben und unterkneten. Es entsteht ein mittelfester Mürbeteig. Den Teig zu einer Kugel formen, in Frischhaltefolie wickeln und ca. 2 Stunden kalt stellen.

2 1–2 Backbleche mit Backpapier auslegen und den Backofen auf 190 °C Ober- und Unterhitze vorheizen.

3 Den Teig kurz durchkneten und auf einer bemehlten Arbeitsfläche 2,5–3 mm dick ausrollen. Mit einem runden Ausstecher von ca. 4 cm Durchmesser Plätzchen ausstechen, auf die vorbereiteten Backbleche legen und jedes Blech einzeln auf der mittleren Einschubleiste 10–12 Minuten backen.

4 Die Orangenkonfitüre mit dem Likör verrühren und je 2 ausgekühlte Plätzchen damit zusammenfügen.

5 Für den Überzug die Orangenkonfitüre aufkochen und die Taler mit der Oberseite hineintauchen, leicht abschütteln und auf Backpapier ablegen; etwa 15 Minuten trocknen lassen.

6 Fondant und Grand Marnier in einer Metallschüssel im Wasserbad auf ca. 30 °C erwärmen und zu einer zähflüssigen Glasur verrühren. Die Taler mit der Oberseite hineintauchen, abschütteln und auf das Backpapier zurücklegen. 30 Minuten trocknen lassen.

7 Die zerkleinerte Kuvertüre in einer Metallschüssel im Wasserbad schmelzen und den Kakao einrühren. Ein Dreieck aus Backpapier zu einer spitzen Tüte falten (siehe Seite 75), die Kuvertüre in die Tüte füllen, diese verschließen, die Spitze abschneiden und die Taler verzieren, mit Pistazien belegen und mindestens 5 Stunden trocknen lassen.

Kokosmakronen

Backzeit: 15–16 Minuten ✳ Trocknungszeit: 2 Stunden ✳ ca. 40 Stück

1 Alle Teigzutaten in einen Topf geben und unter ständigem Rühren auf ca. 70 °C erhitzen (abrösten). Vorsicht, die Masse brennt leicht an.

2 Die Masse vom Herd nehmen und 10 Minuten abkühlen lassen. Dann in einen Spritzbeutel mit großer Lochtülle füllen. Auf mit Backpapier ausgelegte Backbleche Makronen aufspritzen (oder mit zwei Teelöffeln kleine Portionen auf die Bleche setzen), mit Pistazien bestreuen.

3 Die Makronen bei Zimmertemperatur 2 Stunden trocknen lassen; die Oberseite muss sich trocken anfühlen. Den Backofen auf 175 °C Ober- und Unterhitze vorheizen. Die Makronen auf der mittleren Einschubleiste 15–16 Minuten backen.

* 90 g Eiweiß (von 3 Eiern der Größe M)
* 200 g sehr feine Kokosraspel
* 175 g Zucker
* 80 g Speiseöl
* 1 Prise Salz
* 20 g gehackte Pistazien

- * 250 g zimmerwarme Butter
- * 125 g Puderzucker
- * 2 zimmerwarme Eier
  (Größe M)
- * 1 Prise Salz
- * Mark von 1 Vanilleschote
- * 375 g Weizenmehl Type 405

Überzug
- * 300 g weiße Kuvertüre

Dekor
- * 30 g Zartbitter-Kuvertüre
- * oder ca. 10 gehackte
  Pistazien

Vanillebrezeln

Backzeit: 10–12 Minuten * Kühlzeit: 2 Stunden * ca. 75 Stück

1 Butter, Puderzucker, Eier, Salz und Vanillemark zu einer glatten Masse kneten. Das gesiebte Mehl zügig einarbeiten. Es entsteht ein weicher Mürbeteig. Den Teig etwas flach drücken, in Frischhaltefolie wickeln und ca. 2 Stunden kalt stellen.

2 2–3 Backbleche mit Backpapier auslegen und den Backofen auf 190 °C Ober- und Unterhitze vorheizen.

3 Den Teig kurz durchkneten und auf einer bemehlten Arbeitsfläche 4 mm dick ausrollen. Mit einem Brezelausstecher ausstechen, Plätzchen auf die vorbereiteten Bleche legen und jedes Blech einzeln auf der mittleren Einschubleiste 10–12 Minuten backen, bis die Brezeln eine helle Färbung angenommen haben. (Wer keinen Brezelausstecher hat, kann den Teig zu einer 75 cm langen Rolle formen. Dann ca. 1 cm breite Stücke davon abschneiden. Jedes Stück zu einem dünnen Strang von ca. 23 cm Länge rollen und zu einer Brezel legen.)

4 Die Brezeln nach dem Auskühlen komplett in temperierte weiße Kuvertüre (siehe Seite 73) tauchen, mit einer Gabel herausnehmen und zum Ablaufen auf ein Kuchengitter setzen. Nach ca. 1 Minute zum Trocknen auf Backpapier umsetzen.

5 Die zerkleinerte Kuvertüre in einer Metallschüssel im Wasserbad schmelzen. Ein Dreieck aus Backpapier zu einer spitzen Tüte falten (siehe Seite 75), die Kuvertüre in die Tüte füllen, diese verschließen, die Spitze abschneiden und die Brezeln verzieren. Alternativ mit Pistazien belegen. Mindestens 5 Stunden trocknen lassen.

Tipp

✻ ✻

Kinder lieben Schokobrezeln: 350 g Weizenmehl und 25 g Kakao für den Teig verwenden und die weiße Kuvertüre durch Vollmilch-Kuvertüre ersetzen, mit Buntzucker bestreuen.

✻ ✻

- ✳ 250 g Mandeln (ganz oder gemahlen)
- ✳ 3 kalte Eiweiß (Größe M)
- ✳ 1 Prise Salz
- ✳ 200 g Puderzucker
- ✳ Mark von ½ Vanilleschote
- ✳ abgeriebene Schale von ½ Zitrone
- ✳ 250 g getrocknete Feigen

Überzug
- ✳ 250 g Zartbitter-Kuvertüre

Feigenbusserl

Backzeit: 14–16 Minuten ✳ Trocknungszeit: 1 Stunde ✳ ca. 70 Stück

1. Ganze Mandeln 1–2 Minuten in kochendem Wasser blanchieren, abseihen und zwischen Daumen und Zeigefinger reiben, um die braunen Häutchen zu entfernen. Die Mandeln dann 2–3 Stunden trocknen lassen, danach fein mahlen.
2. Die Eiweiße mit dem Salz 15 Sekunden aufschlagen. Dann den Puderzucker einrieseln lassen und dabei weiterschlagen, bis ein kompakter Schnee entstanden ist. Vanillemark und Zitronenschale unterheben.
3. Die Mandeln mit den fein gewürfelten Feigen vermischen und vorsichtig unter den Eischnee heben. Die Masse in einen Spritzbeutel mit großer Tülle füllen.
4. 2–3 Backbleche mit Backpapier auslegen und die Busserl aufspritzen (oder mit zwei Teelöffeln kleine Häufchen auf die Backbleche setzen). Die Busserl ca. 1 Stunde antrocknen lassen. Die Oberfläche soll sich trocken anfühlen.
5. Den Backofen auf 170 °C Ober- und Unterhitze vorheizen. Die Bleche nacheinander auf der mittleren Einschubleiste 14–16 Minuten backen.
6. Nach dem Auskühlen die Unterseite der Busserl ca. 0,5 cm tief in temperierte Kuvertüre (siehe Seite 73) tauchen. Die Kuvertüre leicht abstreifen und die Busserl auf Backpapier setzen.

Anstatt der **Feigen** verwende ich auch gern fein gewürfelte **Datteln** und etwas **Orangeat**.

37

- * 3 kalte Eiweiß (Größe M)
- * 1 Prise Salz
- * 270 g Zucker
- * 125 g Marzipanrohmasse
- * 12 g Zimt
- * 250 g gemahlene Mandeln

Glasur
- * 1 Eiweiß (Größe M)
- * 1 Prise Salz
- * 140 g Puderzucker

Außerdem
- * 100 g gemahlene Mandeln

Zimtsterne

Backzeit: 9–11 Minuten * Kühlzeit: 12 Stunden * ca. 40 Stück

1 Eiweiße mit Salz 15 Sekunden aufschlagen. Dann unter weiterem Schlagen langsam den Zucker einrieseln lassen, bis ein kompakter Eischnee entstanden ist. Ein Drittel des Eischnees mit dem Marzipan zu einer glatten Masse rühren, diese unter den restlichen Eischnee mischen und mit den restlichen Teigzutaten zu einem mittelfesten Teig kneten. Diesen in Frischhaltefolie wickeln und über Nacht kalt stellen.

2 2 Backbleche mit Backpapier auslegen. Die Arbeitsfläche dünn mit gemahlenen Mandeln bestreuen, den Teig darauf ca. 1 cm dick ausrollen.

3 Für die Glasur Eiweiß, Salz und Puderzucker mit dem Schneebesen verrühren, dann mit dem Handmixer 3–5 Minuten zu einer stabilen Glasur aufschlagen.

4 Etwa die Hälfte der Glasur glatt auf den ausgerollten Teig aufstreichen und mit einem Sternausstecher Plätzchen ausstechen und auf die Bleche legen. Den Ausstecher während der Arbeit immer wieder in kaltes Wasser tauchen, damit kein Teig anhaftet. Verbliebene Teigreste mit 1 EL gemahlenen Mandeln verkneten, erneut ausrollen, mit der restlichen Glasur bestreichen und wie zuvor beschrieben aufarbeiten.

5 Die Zimtsterne ca. 2 Stunden trocknen lassen. Die Glasur soll sich trocken anfühlen.

6 Den Backofen auf 170 °C Ober- und Unterhitze vorheizen. Die Zimtsterne auf der mittleren Einschubleiste 9–11 Minuten hell backen. Die Zimtsterne sollen außen fest und innen noch weich sein.

Lieben Sie Zimtsterne? Dann lohnt sich
der Kauf eines richtigen **Zimtsternausstechers**.
Er **erleichtert** die Arbeit erheblich.

Extravagant wird es
mit 1 Prise Chili in der Füllung.

- 200 g zimmerwarme Butter
- 100 g Puderzucker
- 2 zimmerwarme Eigelb (Größe M)
- 1 Prise Salz
- Mark von ½ Vanilleschote
- abgeriebene Schale von ½ Zitrone
- 280 g Weizenmehl Type 405
- 25 g Kakao
- 3 g Weinsteinbackpulver

Füllung
- 60 g Sahne
- 125 g Zartbitter-Kuvertüre
- 20 g Kirschwasser

Überzug
- 200 g Zartbitter-Kuvertüre

Dekor
- 20 g weiße Kuvertüre
- 30 Pistazienhälften

Schokotaler

Backzeit: 10–12 Minuten * Kühlzeit: 2 Stunden * ca. 30 Stück

1 Butter, Puderzucker, Eigelbe, Salz, Vanillemark und Zitronenschale zu einer glatten Masse verarbeiten. Das gesiebte Mehl, Kakao und Backpulver einkneten. Es entsteht ein mittelfester Mürbeteig. Diesen etwas flach drücken, in Frischhaltefolie wickeln und ca. 2 Stunden kalt stellen.

2 Die Sahne aufkochen, den Topf vom Herd nehmen, die grob gehackte Kuvertüre hineingeben und unter Rühren schmelzen. Zum Schluss das Kirschwasser einrühren. Sofort kühl stellen, so erhält die Schokofüllung eine cremige Konsistenz.

3 1–2 Backbleche mit Backpapier auslegen und den Backofen auf 190 °C Ober- und Unterhitze vorheizen.

4 Den Teig kurz durchkneten und auf einer bemehlten Arbeitsfläche 2,5–3 mm dick ausrollen. Mit einem runden Ausstecher von 4 cm Durchmesser Plätzchen ausstechen, auf die vorbereiteten Bleche legen und nacheinander auf der mittleren Einschubleiste 10–12 Minuten backen.

5 Je 2 ausgekühlte Plätzchen auf einer Seite mit der Schokofüllung bestreichen und zusammensetzen. Die Schokotaler dann mit der Oberseite in temperierte Kuvertüre (siehe Seite 73) tauchen, abschütteln und auf Backpapier ablegen.

6 Die zerkleinerte Kuvertüre in einer Metallschüssel im Wasserbad schmelzen. Ein Dreieck aus Backpapier zu einer spitzen Tüte falten (siehe Seite 75), die Kuvertüre in die Tüte füllen, diese verschließen, die Spitze abschneiden und die Taler verzieren. In die Mitte jeweils eine halbe Pistazie legen.

- ✳ 200 g zimmerwarme Butter
- ✳ 70 g Zucker
- ✳ 1 Prise Salz
- ✳ Mark von 1 Vanilleschote
- ✳ 2 zimmerwarme Eigelb
  (Größe M)

- ✳ 100 g gemahlene Mandeln
- ✳ 280 g Weizenmehl Type 405

Überzug
- ✳ 100 g feiner Kristallzucker
- ✳ Mark von 1 Vanilleschote

Vanillekipferl

Backzeit: 13–15 Minuten ✳ Kühlzeit: 2 Stunden ✳ ca. 50 Stück

1 Butter, Zucker, Salz und Vanillemark, Eigelbe und Mandeln verkneten, dann zügig das gesiebte Mehl einarbeiten. Es entsteht ein weicher Mürbeteig. Diesen zu einer Kugel formen, in Frischhaltefolie wickeln und ca. 2 Stunden kalt stellen.

2 2 Backbleche mit Backpapier auslegen und den Backofen auf 180 °C Ober- und Unterhitze vorheizen.

3 Den Teig kurz durchkneten, zu einer 50 cm langen Rolle formen und diese in 1 cm breite Scheiben schneiden. Aus den Scheiben an den Enden leicht spitz zulaufende Röllchen herstellen, zu den typischen Kipferln biegen, auf die vorbereiteten Bleche legen und sie nacheinander auf der mittleren Einschubleiste 13–15 Minuten backen, bis die Kipferl eine helle Färbung angenommen haben.

4 Kristallzucker gründlich mit Vanillemark mischen. Die heißen Kipferln sofort vorsichtig im Vanillezucker wälzen, dann behutsam auf ein Kuchengitter setzen und auskühlen lassen.

Zwei Tage sollten Sie sich gedulden, erst dann haben die Kipferln ihr volles Aroma.

- ✳ 200 g zimmerwarme Butter
- ✳ 200 g brauner Rohrzucker
- ✳ 2 g Salz
- ✳ 2 g Zimt
- ✳ abgeriebene Schale von 1 Zitrone
- ✳ 1 gute Prise Kardamom
- ✳ 1 zimmerwarmes Eigelb (Größe M)
- ✳ 20 g Milch
- ✳ 150 g grob gemahlene Haselnüsse
- ✳ 20 g fein gewürfeltes Orangeat
- ✳ 210 g Weizenmehl Type 405

Außerdem
- ✳ 1 Eigelb
- ✳ 100 g gehackte Haselnüsse

Dekor
- ✳ 250 g weiße Kuvertüre
- ✳ 20 g Zartbitter-Kuvertüre

Haselnusstaler

Backzeit: 13–15 Minuten ✳ Kühlzeit: 12 Stunden ✳ ca. 65 Stück

1 Butter, Rohrzucker, Salz, Zimt, Zitronenschale und Kardamom glatt rühren. Eigelb und Milch, dann Haselnüsse und Orangeat unterarbeiten. Zuletzt das Mehl sieben und unterkneten.

2 Den Mürbeteig in zwei gleich schwere Stücke teilen. Auf der leicht bemehlten Arbeitsfläche zu zwei Rollen von ca. 24 cm Länge formen, auf ein bemehltes Brett legen und mit Frischhaltefolie abgedeckt ca. 1 Stunde kühl stellen.

3 Die beiden Rollen mit Eigelb bestreichen und in den gehackten Haselnüssen wälzen, sodass sie rundum davon bedeckt sind. Wieder auf das Brett legen und über Nacht kühl stellen.

4 2–3 Backbleche mit Backpapier auslegen und den Backofen auf 190 °C Ober- und Unterhitze vorheizen.

5 Die Teigrollen mit einem langen schweren Messer unter kräftigem Druck in etwa 7 mm dicke Scheiben schneiden und im Abstand von ca. 2 cm auf die vorbereiteten Backbleche legen. Nacheinander auf der mittleren Einschubleiste 13–15 Minuten goldbraun backen.

6 Die abgekühlten Haselnusstaler zu etwa einem Drittel in temperierte weiße Kuvertüre (siehe Seite 73) tauchen und auf Backpapier ablegen.

7 Die zerkleinerte Kuvertüre in einer Metallschüssel im Wasserbad schmelzen. Ein Dreieck aus Backpapier zu einer spitzen Tüte falten (siehe Seite 75), die Kuvertüre in die Tüte füllen, diese verschließen, die Spitze abschneiden und die Taler verzieren.

- ✳ 200 g zimmerwarme Butter
- ✳ 160 g Puderzucker
- ✳ 1 Prise Salz
- ✳ 1 g Zimt
- ✳ abgeriebene Schale von ½ Orange
- ✳ 2 zimmerwarme Eigelb (Größe M)
- ✳ 90 g gemahlene Walnüsse
- ✳ 330 g Weizenmehl Type 405

Füllung
- ✳ 150 g Marzipanrohmasse
- ✳ 30 g Grand Marnier

Überzug
- ✳ 250 g Vollmilch-Kuvertüre

Dekor
- ✳ ca. 40 halbierte Walnüsse
- ✳ 30 g weiße Kuvertüre

Walnuss-Marzipan-Herzen

Backzeit: 11–13 Minuten ✳ Kühlzeit: 2 Stunden ✳ ca. 40 Stück

1. Butter, Puderzucker, Salz, Zimt und Orangenschale zu einem glatten Teig verarbeiten. Eigelbe und Walnüsse einkneten, zum Schluss zügig das gesiebte Mehl unterkneten. Den Teig zu einer Kugel formen, in Frischhaltefolie wickeln und ca. 2 Stunde kalt stellen.

2. 2 Backbleche mit Backpapier auslegen und den Backofen auf 190 °C Ober- und Unterhitze vorheizen.

3. Den Teig kurz durchkneten und auf einer bemehlten Arbeitsfläche ca. 2,5 mm dick ausrollen. Mit einem Herzausstecher Plätzchen ausstechen und auf die vorbereiteten Backbleche legen. Nacheinander auf der mittleren Einschubleiste 11–13 Minuten backen.

4. Die Marzipanrohmasse mit dem Grand Marnier glatt rühren, in einen Frischhaltebeutel füllen, oben zudrehen, unten eine Spitze abschneiden. Mit dieser einfachen Spritztüte auf die Unterseite eines Plätzchen etwas Füllung geben und mit dem zweiten Herz zusammensetzen.

5. Die Herzen mit der Oberseite in temperierte Vollmilch-Kuvertüre (siehe Seite 73) tauchen, leicht abschütteln, auf Backpapier legen und sofort eine halbe Walnuss daraufsetzen.

6. Ein Dreieck aus Backpapier zu einer Spritztüte falten (siehe Seite 75). Die weiße Kuvertüre in einer Metallschüssel im Wasserbad schmelzen, in die Spritztüte füllen, diese verschließen, die Spitze abschneiden und die Herzen damit garnieren.

- *125 g zimmerwarme Butter
- *100 g Puderzucker
- *1 zimmerwarmes Eigelb (Größe M)
- *1 Prise Salz
- *Mark von ½ Vanilleschote
- *abgeriebene Schale von ½ Zitrone
- *2 g Weinsteinbackpulver
- *250 g Weizenmehl Type 405

Eigelbstreiche
- *1 Eigelb (Größe M)
- *10 g Milch
- *1 Prise Salz
- *1 Prise Zucker

Dekor
- *Buntzucker
- *Hagelzucker
- *Nüsse

Butterausstecher

Backzeit: 13–15 Minuten * Kühlzeit: 2 Stunden * ca. 50 Stück

1 Butter, Puderzucker, Eigelb, Salz, Vanillemark und Zitronenschale zu einer glatten Masse kneten. Mehl und Backpulver mischen, sieben und zügig mit der Buttermasse verkneten, bis ein mittelfester Mürbeteig entstanden ist. Den Teig etwas flach drücken, in Frischhaltefolie wickeln und ca. 2 Stunden kalt stellen.

2 2 Backbleche mit Backpapier auslegen und den Backofen auf 190 °C Ober- und Unterhitze vorheizen.

3 Den Teig kurz durchkneten und auf einer bemehlten Arbeitsfläche ca. 3 mm dick ausrollen. Mit verschiedenen Ausstechern Plätzchen ausstechen und auf die vorbereiteten Bleche legen.

4 Alle Zutaten der Eigelbstreiche miteinander verrühren. Die Oberfläche der Plätzchen damit bestreichen. Mit Buntzucker, Hagelzucker oder Nüssen nach Belieben garnieren und auf der mittleren Einschubleiste 13–15 Minuten goldbraun backen.

Tipp

****

Zur Abwechslung kann man auch einen kleinen Teil des Mürbeteigs mit etwas Kakaopulver verkneten. Diesen Teig dann dünn ausrollen und kleine Herzen ausstechen, als Dekor auf die Plätzchen auflegen, nochmals mit Eigelbstreiche bestreichen und wie angegeben backen.

****

- *375 g Honig
- *265 g Weizenmehl Type 405
- *95 g gemahlene Mandeln
- *100 g gehackte Mandeln
- *75 g fein gewürfeltes Orangeat
- *75 g fein gewürfeltes Zitronat
- *Mark von 1 Vanilleschote
- *8 g Lebkuchengewürz

- *4 g Hirschhornsalz
- *4 g Pottasche
- *4 EL Milch

Glasur
- *100 g Zucker
- *45 g Wasser
- *5 g Speisestärke

asler Leckerli

Backzeit: 16–18 Minuten * Ruhezeit: 2–3 Stunden * ca. 48 Stück

1 Den Honig in einem Topf auf ca. 90 °C erhitzen (nicht aufkochen). Den Topf vom Herd nehmen und die Hälfte des gesiebten Mehls unterrühren.

2 Das restliche Mehl, Mandeln, Orangeat, Zitronat, Vanillemark und das Lebkuchengewürz miteinander vermischen und mit dem warmen Honig-Mehlgemisch verkneten.

3 Das Hirschhornsalz sorgfältig und ohne Klümpchen mit 1 EL Milch anrühren und unter den Teig kneten. Danach die Pottasche auf dieselbe Weise vorbereiten und unterarbeiten. Den Teig in Frischhaltefolie wickeln und 2–3 Stunden ruhen lassen.

4 Den Backofen auf 180 °C Ober- und Unterhitze vorheizen. Ein Backblech mit Backpapier auslegen.

5 Den Teig 0,75 cm dick in Größe des Backbleches (ca. 30 x 40 cm) ausrollen, auf das vorbereitete Blech legen und mit einer Gabel mehrfach einstechen, dann dünn mit 2 EL Milch bestreichen.

6 Die Basler Leckerli auf der mittleren Einschubleiste 16–18 Minuten backen.

7 Für die Glasur Zucker und Wasser aufkochen (dauert ca. 3 Minuten). Den Topf vom Herd nehmen, die Speisestärke zugeben und ca. 2 Minuten rühren, bis die Glasur milchig wird. Sobald die Basler Leckerli aus dem Ofen kommen, die Glasur mit einem breiten Backpinsel auf die Oberfläche streichen. Dann die Platte mit einem Sägemesser in 5 x 5 cm oder 3,5 x 5 cm große Stücke schneiden.

Tipp

* *

Sobald die Glasur auf den Basler Leckerli trocken ist, kann man sie mit Frischhaltefolie abdecken, 2 Tage ruhen lassen und dann erst schneiden. Wer keine gekochte Glasur herstellen möchte, kann 100 g Puderzucker mit 2 EL Zitronensaft und 2 EL Wasser verrühren und die Leckerli damit bestreichen.

* *

Stol

len

Vor-Freude pur
nussig-duftend
Omas Dauerbrenner
leckere Erinnerung
gut gefüllt

Fruchtfüllung

* je 65 g Trockenfrüchte: Feigen, Aprikosen, Birnen, Pflaumen, Äpfel, Korinthen, Sultaninen
* je 65 g Orangeat und Zitronat
* je 65 g Walnüsse, Mandeln und Haselnüsse
* 50 g Heidelbeer-Glühwein
* 50 g hochprozentiger Rum

Teig

* 38 g frische Hefe
* 230 g lauwarme Milch
* 375 g Weizenmehl Type 550
* 38 g zimmerwarme Butter
* 20 g Zucker
* 10 g Lebkuchengewürz
* 2 g Salz
* abgeriebene Schale von 1 Zitrone
* abgeriebene Schale von 1 Orange

Streiche

* 25 g Speisestärke
* 90 g kaltes Wasser

Dekor

* 20 g Milch
* ca. 48 geschälte Mandelhälften
* ca. 12 halbe Belegkirschen

Früchtebrot

Backzeit: 50–55 Minuten ∗ Ziehzeit: 12 Stunden ∗ 2 Kastenformen von 10 x 24 cm

1 Trockenfrüchte außer Korinthen und Sultaninen, Orangeat und Zitronat würfeln, Nüsse und Mandeln grob hacken. Alle Zutaten für die Fruchtfüllung in eine Schüssel geben, gründlich mischen und abgedeckt über Nacht ziehen lassen.

2 Die Hefe in der Milch aufschlämmen und mit dem gesiebten Mehl, Butter, Zucker, Lebkuchengewürz, Salz, Zitronen- und Orangeschale zu einem glatten Teig verkneten. Die Knetdauer beträgt mit dem Knethaken der Küchenmaschine 6–8 Minuten, von Hand 8–10 Minuten. Den Teig zugedeckt an einem warmen Ort 30 Minuten gehen lassen.

3 Den Backofen auf 200 °C Ober- und Unterhitze vorheizen und zwei Kastenformen mit etwas Butter ausstreichen. Ein Backblech mit Backpapier auslegen, die Speisestärke für die Streiche daraufstreuen und im Ofen goldgelb rösten. Auskühlen lassen, mit dem Wasser glatt rühren und in einem Topf aufkochen, dann beiseite stellen.

4 Auf einer leicht bemehlten Arbeitsfläche die Fruchtfüllung vorsichtig von Hand in den gegangenen Hefeteig einkneten. Den Teig dann in zwei gleichschwere Hälften teilen, zu je einer Kugel formen und auf der Arbeitsfläche 10 Minuten zugedeckt ruhen lassen.

5 Den Teig zu zwei Rollen von ca. 24 cm Länge formen, in die vorbereiteten Kastenformen legen und etwas flach drücken. Die Früchtebrote mit etwas Milch bestreichen und mit Mandeln und Belegkirschen garnieren. Zugedeckt weitere 20 Minuten gehen lassen.

6 Die Brote auf der mittleren Einschubleiste bei 200 °C 50–55 Minuten backen. Die Streiche nochmals kurz aufkochen und die heißen Früchtebrote dünn damit bestreichen.

Tipp
✳✳✳✳✳✳✳✳✳✳✳✳✳✳✳✳✳✳✳✳✳✳✳✳✳✳✳✳✳✳✳✳✳
Sie können eine Zutat der Fruchtfüllung durch eine andere Frucht ersetzen. Wichtig ist, dass die Gesamtmenge beibehalten wird.
✳✳✳✳✳✳✳✳✳✳✳✳✳✳✳✳✳✳✳✳✳✳✳✳✳✳✳✳✳✳✳✳✳

Mohnfüllung
* 180 g Mohn
* 70 g Milch
* 60 g Zucker
* 50 g Butter
* 2 g Zimt
* 1 g Salz
* abgeriebene Schale von 1 Zitrone
* 40 g Marzipanrohmasse
* 1 Ei (Größe M)
* 50 g Honig
* 35 g Butterkekse

Vorteig
* 150 g lauwarme Milch
* 35 g frische Hefe
* 150 g Weizenmehl Type 550

Teig
* 290 g Weizenmehl Type 550
* 65 g lauwarme Milch
* 150 g zimmerwarme Butter
* 60 g Zucker
* 4 g Salz
* abgeriebene Schale von 1 Zitrone

* Mark von 1 Vanilleschote
* 1 Prise Muskat
* 1 Prise Kardamom

Dekor
* 75 g Aprikosenkonfitüre
* 200 g weiße Kuvertüre
* 20 g Kokosfett (z. B. Biskin)
* 20 g gehackte Pistazien

Mohnstollen

Backzeit: 45 Minuten ✳ Kühlzeit: 12 Stunden ✳ 1 Stollen von ca. 38 cm Länge

1 Den Mohn fein mahlen und in einer Pfanne anrösten, bis er zu duften beginnt. Milch, Zucker, Butter, Zimt, Salz und Zitronenschale aufkochen. Den Mohn zugeben, 1 Minute kochen, dann den Topf vom Herd nehmen.

2 Die Butterkekse fein zerkrümeln (am besten in einem Plastikbeutel). Die Marzipanrohmasse mit dem Ei glatt rühren, zusammen mit Honig und Kekskrümeln unter die warme Mohnfüllung mischen. Über Nacht in den Kühlschrank stellen.

3 Für den Vorteig die Hefe in der Milch aufschlämmen, mit dem gesiebten Mehl zu einem glatten Teig kneten und abgedeckt 45 Minuten gehen lassen. Die Mohnfüllung aus dem Kühlschrank nehmen.

4 Alle Teigzutaten mit dem Vorteig zu einem mittelfesten Teig kneten. Die Knetdauer beträgt mit dem Knethaken der Küchenmaschine 8–10 Minuten, von Hand 10–12 Minuten. Den Teig zugedeckt an einem warmen Ort 30 Minuten gehen lassen.

5 Den Hefeteig auf einer leicht bemehlten Arbeitsfläche zu einem Rechteck von 35 x 45 cm ausrollen und die Mohnfüllung aufstreichen. Den Teig der Länge nach aufrollen und mit einer Gabel in die Oberseite viele Löcher stechen.

6 Ein Backblech mit Backpapier auslegen, den Stollen darauflegen und – wenn vorhanden – die gebutterte Stollenhaube darüberstülpen. Den Stollen 20–25 Minuten gehen lassen. Wer keine Stollenhaube besitzt, kann den Stollen auch ohne diese backen.

7 Den Backofen auf 210 °C Ober- und Unterhitze vorheizen. Den Stollen auf der mittleren Eischubleiste 10 Minuten anbacken, dann die Temperatur auf 190 °C reduzieren und weitere 35 Minuten backen. Die Stollenhaube abheben, den Stollen auskühlen lassen.

8 Die Aprikosenkonfitüre aufkochen, den Stollen damit bestreichen, antrocknen lassen. Die zerkleinerte Kuvertüre mit dem Kokosfett in eine Metallschüssel geben und im Wasserbad unter Rühren schmelzen. Den Stollen damit bestreichen und mit gehackten Pistazien bestreuen.

Natürlich können Sie den Stollen auch mit **zerlassener Butter** bestreichen und mit **Puderzucker** bestreuen, aber glauben Sie mir, der **Schokoladenüberzug** passt hervorragend zum Mohn.

57

- ✳ 270 g zimmerwarme Butter
- ✳ 250 g Zucker
- ✳ 20 g Lebkuchengewürz
- ✳ Mark von 1 Vanilleschote
- ✳ abgeriebene Schale von 1 Orange
- ✳ 1 gute Prise Salz
- ✳ 1 gute Prise Ingwer

- ✳ 5 zimmerwarme Eier (Größe M)
- ✳ 250 g gemahlene Mandeln
- ✳ 75 g Schokoraspel
- ✳ 75 g gehackte Walnüsse
- ✳ 30 g Kakao
- ✳ 150 g Heidelbeer-Glühwein
- ✳ 250 g Weizenmehl Type 405
- ✳ 19 g Weinsteinbackpulver

Dekor
- ✳ ca. 50 ganze Mandeln
- ✳ 150 g Aprikosenkonfitüre
- ✳ 20 g Orangenlikör (z. B. Grand Marnier)
- ✳ 300 g Vollmilch-Kuvertüre
- ✳ 20 g Kokosfett
- ✳ ca. 25 halbe Belegkirschen
- ✳ 20 g gehackte Pistazien

Außerdem
- ✳ Backrahmen 30 x 30 cm

Gewürzkuchen

Backzeit: 40 Minuten ✳ 25 Stück

1   Die Mandeln für das Dekor 1–2 Minute in kochendem Wasser blanchieren, abseihen und zwischen Daumen und Zeigefinger reiben, um die braunen Häutchen zu entfernen. 2–3 Stunden trocknen lassen, mit einem scharfen Messer halbieren und auf einem Backblech im Ofen bei 200 °C 10-12 Minuten goldgelb rösten.

2   Ein Backblech mit Backpapier auslegen und den Backrahmen daraufstellen. Den Backofen auf 180 °C Ober- und Unterhitze vorheizen.

3   Butter, Zucker, Lebkuchengewürz, Vanillemark, Orangenschale, Salz und Ingwer zu einer glatten Masse rühren. Nacheinander die Eier zugeben und zügig unterrühren. Dann Mandeln, Schokoraspel, Walnüsse und Kakao untermischen und den Glühwein einrühren.

4   Mehl und Backpulver mischen, sieben und unter den Teig rühren. Den Teig in den Backrahmen streichen und auf der mittleren Einschublciste ca. 40 Minuten backen.

5   Den erkalteten Kuchen aus dem Backrahmen schneiden und kopfüber auf die Arbeitsplatte stürzen. Die Aprikosenkonfitüre aufkochen und den Likör einrühren. Den Kuchen damit bestreichen und 20 Minuten trocknen lassen.

6   Die zerkleinerte Kuvertüre und das Kokosfett in eine Metallschüssel geben und im Wasserbad schmelzen, dann gleichmäßig auf den Kuchen streichen. Ehe die Kuvertüre fest wird, 6 x 6 cm große Stücke darauf markieren, aber den Kuchen nicht durchschneiden. Nach Belieben mit Mandeln, Belegkirschen und Pistazien dekorieren. Sobald die Kuvertüre fest geworden ist, den Gewürzkuchen in Stücke schneiden.

Vorteig
* 150 g lauwarme Milch
* 35 g frische Hefe
* 150 g Weizenmehl Type 550

Teig
* 290 g Weizenmehl Type 550
* 65 g lauwarme Milch
* 150 g zimmerwarme Butter
* 60 g Zucker
* 4 g Salz

* abgeriebene Schale von 1 Zitrone
* Mark von 1 Vanilleschote
* 1 gute Prise Muskat
* 1 gute Prise Kardamom

Füllung
* 275 g gemahlene Haselnüsse
* 70 g Milch
* 95 g Zucker
* 50 g Butter

* 3 g Zimt
* 1 gute Prise Salz
* 30 g gehackte Haselnüsse
* 1 Ei (Größe M)

Dekor
* 75 g Aprikosenkonfitüre
* 150 g Nussnougat
* 50 g Vollmilch-Kuvertüre
* 20 g Kokosfett (z. B. Biskin)
* 25 g gehackte Haselnüsse

Haselnussstollen

Backzeit: 45 Minuten * 1 Stollen von ca. 38 cm Länge

1 Die Hefe in der Milch aufschlämmen und mit dem gesiebten Mehl zu einem glatten Vorteig verkneten, diesen abdecken und 45 Minuten an einem warmen Ort gehen lassen.

2 Die Teigzutaten mit dem Vorteig zu einem mittelfesten Teig kneten. Die Knetdauer beträgt mit dem Knethaken der Küchenmaschine 8–10 Minuten, von Hand 10–12 Minuten. Den Teig zugedeckt an einem warmen Ort 30 Minuten gehen lassen.

3 Für die Füllung die Haselnüsse bei 200 °C im vorgeheizten Backofen 10–12 Minuten rösten, damit das Aroma stärker wird. Milch, Zucker, Butter, Zimt und Salz kurz miteinander aufkochen. Den Topf vom Herd nehmen, dann die Haselnüsse und das Ei zugeben und verrühren. Es soll eine mittelfeste Masse entstehen, die in etwa die Konsistenz des Hefeteigs hat.

4 Den Hefeteig auf einer leicht bemehlten Arbeitsfläche auf ca. 35 x 45 cm ausrollen, die ausgekühlte Haselnussfüllung vorsichtig darauf verteilen und den Teig der Länge nach aufrollen. Mit einer Gabel in die Oberseite des Stollens viele Löcher einstechen.

5 Ein Backblech mit Backpapier auslegen, den Stollen daraufleen und – wenn vorhanden – die gebutterte Stollenhaube darüberstülpen. Den Stollen 20–25 Minuten gehen lassen. Wer keine Stollenhaube besitzt, kann den Stollen auch ohne diese backen.

6 Den Backofen auf 210 °C Ober- und Unterhitze vorheizen und den Stollen auf der mittleren Einschubleiste 10 Minuten anbacken, dann die Temperatur auf 190 °C reduzieren
und weitere 30–35 Minuten backen. Die Haube abheben und den Stollen auskühlen
lassen.

7 Die Aprikosenkonfitüre aufkochen, den Stollen damit bestreichen und antrocknen lassen.
Nussnougat, zerkleinerte Kuvertüre und Kokosfett in eine Metallschüssel geben, im Wasserbad unter ständigem Rühren schmelzen. Den Stollen damit bestreichen und mit den
gehackten Haselnüssen bestreuen.

Stollen entwickelt erst einige Tage
nach der Herstellung sein **volles Aroma**.
Er kann ohne die **Kuvertüre** eingefroren werden,
dann nach dem Auftauen wie beschrieben **fertigstellen**.

Der **Christstollen** erhält sein **volles Aroma**
rund **14 Tage** nach der Herstellung.
Zum **Lagern** in Alufolie wickeln.

Früchtemischung
* 200 g Sultaninen
* 50 g Korinthen
* 45 g fein gewürfeltes Orangeat
* 40 g fein gewürfeltes Zitronat
* 50 g Mandelstifte
* 30 g hochprozentiger Rum
* abgeriebene Schale von 1 Zitrone
* einige Tropfen Bittermandelöl

Vorteig
* 80 g lauwarme Milch
* 36 g frische Hefe
* 145 g Weizenmehl Type 550

Teig
* 115 g Weizenmehl Type 550
* 110 g zimmerwarme Butter
* 45 g Zucker
* 45 g Marzipanrohmasse
* 4 g Salz
* 2 g gemahlene Tonkabohne (Gewürzhandel oder Apotheke)

* 1 g gemahlene Muskatblüte (Macis)
* 1 g gemahlener Kardamom
* abgeriebene Schale von 1 Zitrone
* Mark von 1 Vanilleschote

Dekor
* 150 g Zucker
* Mark von 1 Vanilleschote
* 150 g zerlassene Butter
* 50 g Puderzucker

Christstollen

Backzeit: 45 Minuten * Ziehzeit: 48 Stunden * 1 Stollen von ca. 35 cm Länge

1 Die Früchtemischung 2 Tage im Voraus herstellen. Dazu alle Zutaten in einer Schüssel vermischen und zugedeckt bei Raumtemperatur stehen lassen.

2 Für den Vorteig die Hefe in der Milch aufschlämmen, mit dem gesiebten Mehl zu einem glatten Teig verkneten und 45 Minuten zugedeckt an einem warmen Ort stehen lassen.

3 Die Teigzutaten mit dem Vorteig zu einem mittelfesten Hefeteig verkneten. Mit dem Knethaken der Küchenmaschine beträgt die Knetdauer 6–8 Minuten, von Hand 8–10 Minuten. Den Teig zugedeckt 20–30 Minuten ruhen lassen, bis sich sein Volumen etwa verdoppelt hat.

4 Auf einer bemehlten Arbeitsfläche die Früchtemischung vorsichtig von Hand unter den Teig kneten. Den Teig zu einer Kugel formen und auf der Arbeitsfläche 10 Minuten zugedeckt ruhen lassen. Anschließend den Teig zu einer Rolle von ca. 35 cm Länge formen. In der Mitte etwas eindrücken, sodass sich die beiden Langseiten zu dicken Wülsten aufwölben. Den linken Wulst zur rechten Seite falten, sodass beide Wülste eng beieinander liegen. Den Stollen auf ein mit Backpapier ausgelegtes Backblech legen und bedeckt 20 Minuten ruhen lassen.

5 Den Backofen auf 220 °C Ober- und Unterhitze vorheizen. Den Stollen auf der mittleren Einschubleiste 10 Minuten anbacken. Dann die Temperatur auf 190 °C reduzieren und weitere 40 Minuten backen.

6 Zucker und Vanillemark vermischen. Den heißen Stollen mit der zerlassenen Butter zweimal einpinseln, dann mit dem Vanillezucker bestreuen. Den Stollen unmittelbar vor dem Verzehr mit Puderzucker übersieben.

Teig
* 150 g säuerliche Äpfel
* 200 g Zucker
* 100 g zimmerwarme Butter
* 2 g Zimt
* 1 g Salz
* Mark von ½ Vanilleschote
* 2 zimmerwarme Eier
  (Größe M)

* 90 g gemahlene Haselnüsse
* 55 g Schokoraspel
* 20 g Milch
* 90 g Whisky-Sahne-Likör
  (z. B. Baileys)
* 200 g Weizenmehl Type 405
* 10 g Weinsteinbackpulver

Haube
* 250 g säuerliche Äpfel
* 60 g Zucker
* 20–30 g Wasser
* 3 Blatt Gelatine

* 300 g Sahne
* 50 g Zucker
* 40 g Frischkäse
* Saft von 1 Zitrone

Dekor
* 150 g Vollmilch-Kuvertüre
* 50 g Zartbitter-Kuvertüre
* evtl. Goldflitter

Außerdem
* 12er Muffinsblech
* 12 Papierförmchen

Bratapfel-Cupcakes

Backzeit: 23–25 Minuten * 12 Stück

1   Die Äpfel für den Teig schälen, in kleine Würfel schneiden und 2 Minuten in einem Topf anbraten. 50 g Zucker dazugeben, weitere 2 Minuten braten, bis sich der Zucker aufgelöst hat und die Äpfel karamellisiert sind, dann auskühlen lassen.

2   Butter, restlichen Zucker, Zimt, Salz und Vanillemark glatt rühren. Eier, Haselnüsse, Schokoraspel, Milch und Likör unterrühren. Das gesiebte Mehl mit dem Backpulver mischen und einrühren, bis ein glatter Teig entstanden ist. Zuletzt die Apfelwürfel unterheben.

3   Den Backofen auf 190 °C Ober- und Unterhitze vorheizen. Die Papierförmchen in die Muffinsmulden des Blechs setzen, den Teig einfüllen und auf der mittleren Einschubleiste 23–25 Minuten backen.

4   Die Äpfel für die Haube ungeschält in kleine Würfel schneiden und 2 Minuten in einem Topf anbraten. Zucker und Wasser dazugeben, weitere 7 Minuten braten, bis sich der Zucker aufgelöst hat und die Äpfel karamellisiert sind. Mit einem Schneidstab pürieren, durch ein Sieb streichen und auskühlen lassen.

5   Die Gelatine 10 Minuten in kaltem Wasser einweichen. Die Sahne mit dem Zucker steif schlagen, dann Frischkäse, Zitronensaft und Bratapfelmus unterrühren. Die leicht ausgedrückte Gelatine in der Mikrowelle oder im Wasserbad bei 35 °C auflösen und zügig unter die Sahnemasse rühren. Die Masse in einen Spritzbeutel mit großer Sterntülle füllen und auf die ausgekühlten Cupcakes spritzen. Dann etwas Zartbitter-Kuvertüre darüber reiben.

6   Die temperierte Vollmilch-Kuvertüre (siehe Seite 73) ca. 1–2 mm dick auf Backpapier aufstreichen. Ein Dreieck aus Backpapier zu einer Spritztüte falten (siehe Seite 75). Die Zartbitter-Kuvertüre in eine kleine Metallschüssel geben und im Wasserbad schmelzen. In die Spritztüte füllen, diese verschließen und die Spitze abschneiden. Gleichmäßig, mit kreisenden Bewegungen über die aufgestrichene Vollmilch-Kuvertüre spritzen. Sobald die Kuvertüre fest ist, mit einem kleinen Ausstecher Dekoelemente ausstechen und auf die Haube setzen.

Goldflitter verleiht den Cupcakes
ein sehr **edles Aussehen**,
ideal zum **Verschenken**.

- ✳ 120 g zimmerwarme Butter
- ✳ 130 g brauner Zucker
- ✳ 2 g Lebkuchengewürz
- ✳ 1 g Salz
- ✳ Mark von ½ Vanilleschote
- ✳ abgeriebene Schale von 1 Orange
- ✳ 3 zimmerwarme Eier (Größe M)
- ✳ 50 g Schokoraspel

- ✳ 80 g Heidelbeer-Glühwein
- ✳ 75 g Milch
- ✳ 30 g Kakao
- ✳ 250 g Weizenmehl Type 405
- ✳ 8 g Weinsteinbackpulver

Haube
- ✳ 250 g Heidelbeer-Glühwein
- ✳ 50 g Zucker
- ✳ 25 g Vanillepuddingpulver
- ✳ Saft von 1 Orange
- ✳ 200 g Butter

- ✳ 50 g Puderzucker
- ✳ 50 g Frischkäse

Dekor
- ✳ 20 g Dekorstreusel
- ✳ 12 Orangenfilets
- ✳ 20 g Zartbitter-Kuvertüre

Außerdem
- ✳ 12er Muffinsblech
- ✳ 12 Papierförmchen

Glühwein-Cupcakes

Backzeit: 23–24 Minuten ✳ 12 Stück

1 Den Backofen auf 190 °C Ober- und Unterhitze vorheizen. Butter, Zucker, Lebkuchen-gewürz, Salz, Vanillemark und Orangenschale glatt rühren. Dann Eier, Schokoraspel, Glühwein und Milch einarbeiten. Den Kakao, das gesiebte Mehl und das Backpulver mischen und unter den Teig rühren.

2 Den Teig in die Papierförmchen füllen, diese in das Muffinsblech setzen und die Cup-cakes auf der mittleren Einschubleiste 23–24 Minuten backen.

3 Für die Haube Glühwein mit Zucker, Puddingpulver und Orangensaft in einem Topf unter ständigem Rühren aufkochen, bis die Masse andickt. Vom Herd nehmen. Butter, Puder-zucker und Frischkäse mit dem Handrührgerät in einer Schüssel 5 Minuten schaumig aufschlagen. Den erkalteten „Glühweinpudding" zugeben und 1 Minute aufschlagen.

4 Die Haube in einen Spritzbeutel mit großer Sterntülle füllen und auf die ausgekühlten Cupcakes spritzen. Mit Dekorstreusel bestreuen.

5 Eine Orange mit einem scharfen Messer schälen, die einzelnen Filets herausschneiden und zum Abtrocknen auf Küchenpapier legen, dann auf die Cupcakes-Haube setzen.

6 Ein Dreieck aus Backpapier zu einer Spritztüte falten (siehe Seite 75). Die temperierte Zartbitter-Kuvertüre (siehe Seite 73) in die Spritztüte füllen, diese verschließen und die Spitze abschneiden. Die Cupcakes mit Kuvertürelinien verzieren.

So **richtig aromatisch** ist der Glühwein-Cupcake erst **am Folgetag**.

Teig

* 200 g Marzipanrohmasse
* 175 g Zucker
* 80 g gemahlene Mandeln
* 10 g gemahlene Walnüsse
* 30 g fein gehacktes Orangeat
* 20 g fein gehacktes Zitronat
* 15 g Kakao
* 4 zimmerwarme Eiweiß (Größe M)
* 2 g Lebkuchengewürz
* Mark von ½ Vanilleschote
* abgeriebene Schale von ½ Orange
* 40 g Weizenmehl Type 405

Überzug

* 300 g Vollmilch-Kuvertüre
* 30 g weiße Kuvertüre

Außerdem

* 16 Backoblaten 7–8 cm Ø

Elisenlebkuchen

Backzeit: 18–20 Minuten * Trocknungszeit: 4 Stunden * 15–16 Stück

1 Alle Teigzutaten – außer dem Mehl – in einen Topf geben und miteinander vermischen. Die Masse unter ständigem Rühren auf 60 °C erhitzen (abrösten), dann den Topf vom Herd nehmen und das gesiebte Mehl einrühren.

2 2 Backbleche mit Backpapier auslegen und die Oblaten im Abstand von ca. 3 cm darauf verteilen.

3 Sobald die Masse auf ca. 40 °C abgekühlt ist, Portionen von je 40 g mit einem Teelöffel auf den Oblaten verteilen. Mit einem breiten Küchenmesser, das man immer wieder in Wasser taucht, den Teig ausstreichen. In der Mitte soll die Dicke der Masse ca. 1 cm betragen, zu den Rändern hin dünner werden. Die Lebkuchen 3–4 Stunden trocknen lassen, bis sich die Oberfläche trocken anfühlt.

4 Den Backofen auf 175 °C Ober- und Unterhitze vorheizen. Die Lebkuchen auf der mittleren Einschubleiste 18–20 Minuten backen. Sie müssen außen kross und innen noch weich sein.

5 Die Oberseite der abgekühlten Lebkuchen in temperierte Vollmilch-Kuvertüre (siehe Seite 73) tauchen, leicht abschütteln und auf Backpapier absetzen.

6 Ein Dreieck aus Backpapier zu einer Spritztüte falten (siehe Seite 75). Die weiße Kuvertüre in eine kleine Metallschüssel geben und im Wasserbad schmelzen. In die Spritztüte füllen, diese verschließen und die Spitze abschneiden. Die Kuvertüre gleichmäßig über die Elisenlebkuchen geben.

Teig
* 90 g gemahlene Haselnüsse
* 5 zimmerwarme Eiweiß (Größe M)
* 300 g Zucker
* 15 g Speisestärke
* Mark von 1 Vanilleschote

* abgeriebene Schale von 1 Zitrone
* 160 g gemahlene Walnüsse
* 50 g Weizenmehl Type 405

(Dekor
* 15–16 Walnüssehälften

Überzug
* 300 g Zartbitter-Kuvertüre

Außerdem
* 16 Backoblaten 7–8 cm Ø

Foto auf Seite 72

Walnuss-Elisenlebkuchen

Backzeit: 17–19 Minuten * Trocknungszeit: 3 Stunden * 15–16 Stück

1. Alle Teigzutaten – außer Walnüsse und Mehl – in einen Topf geben, vermischen und die Masse unter ständigem Rühren auf 60–70 °C erhitzen (abrösten). Den Topf vom Herd nehmen, die Walnüsse mit dem Mehl vermischen und unter die heiße Masse rühren.

2. 2 Backbleche mit Backpapier auslegen und Oblaten im Abstand von ca. 3 cm darauf verteilen. Sobald die Teigmasse auf ca. 40 °C abgekühlt ist, jeweils 45 g der Masse mit einem Teelöffel auf die Oblaten setzen. Die Masse mit einem breiten Küchenmesser, das man immer wieder in Wasser taucht, verstreichen. In der Mitte soll die Höhe ca. 1 cm betragen und zu den Rändern hin dünner werden. Je eine halbe Walnuss in die Mitte legen.

3. Die Lebkuchen 2–3 Stunden trocknen lassen, bis sich ihre Oberfläche trocken anfühlt.

4. Den Backofen auf 170 °C Ober- und Unterhitze vorheizen und die Lebkuchen auf der mittleren Einschubleiste 17–19 Minuten backen. Die Lebkuchen sollen außen kross und innen noch weich sein.

5. Die abgekühlten Lebkuchen ca. 1 cm tief in temperierte Zartbitter-Kuvertüre (siehe Seite 73) tauchen, leicht abschütteln und auf Backpapier absetzen.

Tipp

* *

Alternativ können die Walnuss-Elisen nach dem Backen auch glasiert werden. Hierzu 70 g Zucker mit 1 EL Wasser und 1 EL Zitronensaft aufkochen und die noch heißen Lebkuchen dünn damit bestreichen.

* *

- ✳ 130 g zimmerwarme Butter
- ✳ 190 g Zucker
- ✳ 3 zimmerwarme Eier (Größe M)
- ✳ 3 g Salz
- ✳ 1 g Zimt
- ✳ 1 Prise Ingwer
- ✳ abgeriebene Schale von 1 Orange

- ✳ 185 g Weizenmehl Type 405
- ✳ 50 g Kakaopulver
- ✳ 4 g Weinsteinbackpulver
- ✳ 40 g gehackte Walnüsse
- ✳ 30 g Wasser
- ✳ 35 g Milch

Dekor
- ✳ 1 Eiweiß (Größe M)
- ✳ 120 g Puderzucker
- ✳ 1 Prise Salz
- ✳ Zuckerperlen

Außerdem
- ✳ Backrahmen 20–25 cm

Foto auf dem Umschlag vorne

Brownie-Sterne

Backzeit: 35–40 Minuten ✳ Ruhezeit: 12 Stunden ✳ ca. 30 Stück

1 Ein Backblech mit Backpapier auslegen, den Backrahmen daraufstellen und den Backofen auf 190° C Ober- und Unterhitze vorheizen.

2 Butter, Zucker, Eier, Salz, Zimt, Ingwer und Orangenschale mit der Küchenmaschine 5–7 Minuten schaumig aufschlagen.

3 Mehl, Kakao und Weinsteinbackpulver mischen und sieben, danach die Walnüsse untermengen. Zusammen mit Wasser und Milch zur Buttermasse geben, kurz zu einem glatten Teig rühren.

4 Den Teig in den vorbereiteten Backrahmen streichen und auf der mittleren Einschubleiste ca. 35–40 Minuten backen.

5 Den Kuchen im Backrahmen über Nacht erkalten lassen, am nächsten Tag aus dem Backrahmen schneiden, wenden und das Backpapier abziehen. Den Teig erneut wenden und mit einem Sternausstecher Plätzchen ausstechen.

6 Eiweiß, Puderzucker und Salz mit dem Handmixer 5 Minuten lang zu einer zähfließenden Eiweißglasur aufschlagen.

7 Mit einem breiten Küchenmesser wird die Eiweißglasur gleichmäßig aufgestrichen. Hierzu einen Klecks der Eiweißglasur mittig auftragen, zu jeder Zacke des Sternes vorsichtig nach außen verstreichen. Danach sofort Zuckerperlen aufstreuen. Sobald die Oberfläche angetrocknet ist, können die Plätzchen verzehrt werden, frisch schmecken sie am besten.

Gut zu wissen!

Um Plätzchen und Kuchen den letzten Schliff zu geben, werden sie oft mit Glasur oder Kuvertüre überzogen. Mit Fondant werden Kuchen und Torten belegt, außerdem eignet sich diese Masse (oft mit Lebensmittelfarbe versetzt) wunderbar zum Herstellen von kleinen Dekorationen.

✳ Puderzuckerglasur

200 g Puderzucker in eine Schüssel sieben, mit 2–3 EL heißem Wasser und 1 TL Zitronensaft zu einer zähflüssigen Masse verrühren. Die Plätzchen sofort damit bestreichen oder überziehen.

✳ Einfache Schokoglasur (Kakaohaltige Fettglasur)

Wem das Temperieren von Kuvertüre zu umständlich ist, kann folgende Schokoglasur herstellen:

500 g zerkleinerte Kuvertüre im Wasserbad oder auf kleiner Stufe in der Mikrowelle auf 40–45 °C erwärmen und schmelzen. 50 g Kokosfett (Palmin/Biskin) in einem Topf erwärmen, bis es eben gerade schmilzt und sorgfältig unter die Kuvertüre rühren. Die Plätzchen können sofort damit überzogen werden. Diese Glasur kann man auf Vorrat herstellen; kühl lagern.

✳ Temperieren von Kuvertüre

Bevor die Kuvertüre verarbeitet werden kann, muss sie temperiert werden. Dazu die in den Rezepten angegebene Menge an Kuvertüre fein hacken. 60 % davon werden in eine Metallschüssel gegeben und im Wasserbad unter ständigem Rühren geschmolzen. Sobald die Kuvertüre eine Temperatur von ca. 45 °C (Zuckerthermometer) erreicht hat, wird die Schüssel vom Wasserbad genommen und die restliche Kuvertüre hinzugegeben. Solange rühren bis alle Kuvertürestückchen aufgelöst sind. Dabei kühlt die Kuvertüre auf die Verarbeitungstemperatur von 30–32 °C ab. Folgende Temperaturen gelten als ideal: Zartbitter-Kuvertüre 31–32 °C/Vollmilch-Kuvertüre 30–31 °C/Weiße Kuvertüre 29–30 °C. Die Kuvertüre wird unter vorsichtiger Verwendung des Wasserbads auf diesen Temperaturen gehalten, so bekommt der Überzug einen seidigen Glanz und zarten Schmelz.

✱ Fondant

50 g Kokosfett (Palmin/Biskin), 2 EL Zitronensaft und 3 EL Wasser zusammen in einem Topf aufkochen. 250 g Puderzucker zugeben und rasch unterrühren. Den Topf vom Herd nehmen und weitere 250 g Puderzucker mit dem Handmixer (Knethaken) 2–3 Minuten einarbeiten, bis eine kompakte Masse entstanden ist. Danach wird der Fondant auf der Arbeitsfläche mit beiden Händen etwa 5 Minuten kräftig durchgeknetet, bis er schön weiß und aus-gekühlt ist. Bis zur Verwendung in Frischhaltefolie wickeln. Der Fondant kann auf Vorrat hergestellt werden und hält sich gut gekühlt über mehrere Wochen. Zum Verarbeiten den Fondant im Wasserbad auf ca. 30 °C erwärmen. Alternativ kann man sich fertigen Fondant beim Bäcker/Konditor oder über den Internetversandhandel besorgen.

✱ Wasserbad

Ein kleineres Gefäß (Metallschüssel) wird in einen etwas größeren Topf mit kochendem Wasser gehängt, dabei die Wärmezufuhr sofort reduzieren, so dass das Wasser nur ganz leicht vor sich hin köchelt. Das Wasser soll die Unterseite der Metallschüssel nur knapp berühren. Während des Schmelzens muss die Kuvertüre immer wieder umgerührt werden, damit sie gleichmäßig erwärmt wird.

Spritztüte aus Backpapier herstellen

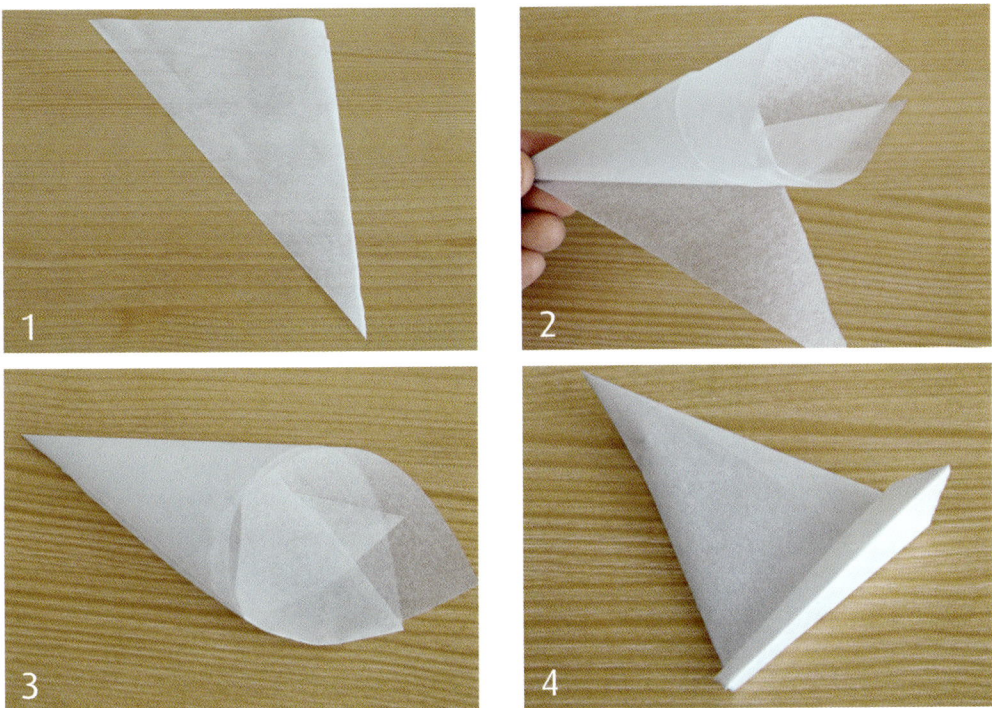

Schokoladenlinien aufspritzen

1. Schneiden Sie ein Dreieck aus Backpapier zurecht.
2. Rollen Sie es an der langen Seite entlang auf. Dabei ist wichtig, dass die Spitze vollständig geschlossen ist.
3. Falten Sie den überstehenden Rand nach innen. Nun kann die Tüte mit geschmolzener Kuvertüre oder Zuckerguss gefüllt werden. Streichen Sie die Luft aus der gefüllten Spritztüte heraus.
4. Schließen Sie die Tüte durch mehrfaches Falten des oberen Rands. Nun die Spitze mit einer scharfen Schere abschneiden. Die Größe der Öffnung bestimmt die Stärke der Schokoladenlinie.

Alphabetisches Rezeptregister

ISBN: 978-3-572-08073-1

Umschlaggestaltung: Atelier Versen, Bad Aibling
Layout: Katharina Schweissguth, Visuelle Kommunikation, München
Herstellung: Elke Cramer
Bildredaktion: Sabine Kestler, Tanja Nerger
Projektleitung: Anja Halveland
Rezeptfotos und Styling: Karl Newedel, München
Foodstyling: Josef Weh, Andrea Heine, Karl Newedel
Weitere Fotos: S. 75: Bernd Neuner; S. 9 und 53: fotolia (Corinna Gissemann und Xavier)

Satz: Nadine Thiel | kreativsatz, Baldham
Reproduktion: Regg Media GmbH, München
Druck und Verarbeitung: Mohn media Mohndruck GmbH, Gütersloh

Printed in Germany

Verlagsgruppe Random House FSC-DEU-0100
Das für diesen Titel verwendete FSC®-zertifizierte Papier *Allegro halbmatt* wurde produziert von Sappi Gratkorn.

817 2635 4453 6271